I0384810

www.ingramcontent.com/pod-product-compliance
Lightning Source LLC
Chambersburg PA
CBHW061401070526
44583CB00026B/3237
9781735548470

madrassa
— online —

مفتاح العلم

تعليم الكتابة

Soulayman de Kerdoret
سليمان دو كيردوريه

An imprint of Madrassa online LLC
www.madrassa-online.com

Toute réprésentation ou reproduction intégrale ou partielle faite sans le consentement de l'auteur ou de ses ayants droit ou ayants cause est illicite. Le droit de la propriété intelectuelle n'autorise que les copies ou reproductions strictement réservées à l'usage privé du copiste et non destinées à une utilisation collective, et d'autre part les analyses et citations dans un but d'exemple et d'illustration.

Tous droits réservés, Soulayman de Kerdoret.
Design by Ana Design

ISBN 9781735548470
Première édition : 2021

حقوق الطبعة محفوظة للمؤلف
الطبعة الأولى
١٤٤٢هـ - ٢٠٢١م

Retrouvez nous sur notre page BONUS

https://madrassa-online.com/fr/bonus

بسم الله الرحمن الرحيم

المقدمة

إن الحمد لله، نحمده ونستعينه، ونتوب إليه، ونعوذ بالله من شرور أنفسنا ومن سيئات أعمالنا، من يهده الله فلا مضل له، ومن يضلل فلا هادي له، وأشهد أن لا إله إلا الله، وحده لا شريك له، وأشهد أن محمدا عبده ورسوله، صلى الله عليه وعلى آله وأصحابه، ومن تبعهم بإحسان إلى يوم الدين وسلم تسليما

أم بعد:

فهذه الكراسة (مفتاح العلم تعليم الكتابة) وسميتها باللغة الإنجليزية.

(Cahier d'écriture Arabe, Alphabet, Mots, Phrases)

للمبتدئين في تعليم اللغة العربية حتى تنتشر اللغة في العالم ويسير المسلمون في طريق طلب العلم.

أسأل الله العظيم، رب العرش العظيم، أن يجعل عملنا جميعا خالصا لوجهه، موافقا لمرضاته، نافعا لعباده، إنه جواد كريم.

سليمان دو كيردوريه
"مدير" مدرسة اون لاين
مركز اللغة العربية عن بعد لغير الناطقين بها

التهيئة للكتابة

ا ا ا ا ا ا

ب ب ب ب ب ب

ك ك ك ك ك ك

ل ل ل ل ل ل

ر ر ر ر ر ر

س س س س س س

ع ع ع ع ع ع

ن ن ن ن ن ن

و و و و و و

ه ه ه ه ه ه

ي ي ي ي ي ي

ء ء ء ء ء ء

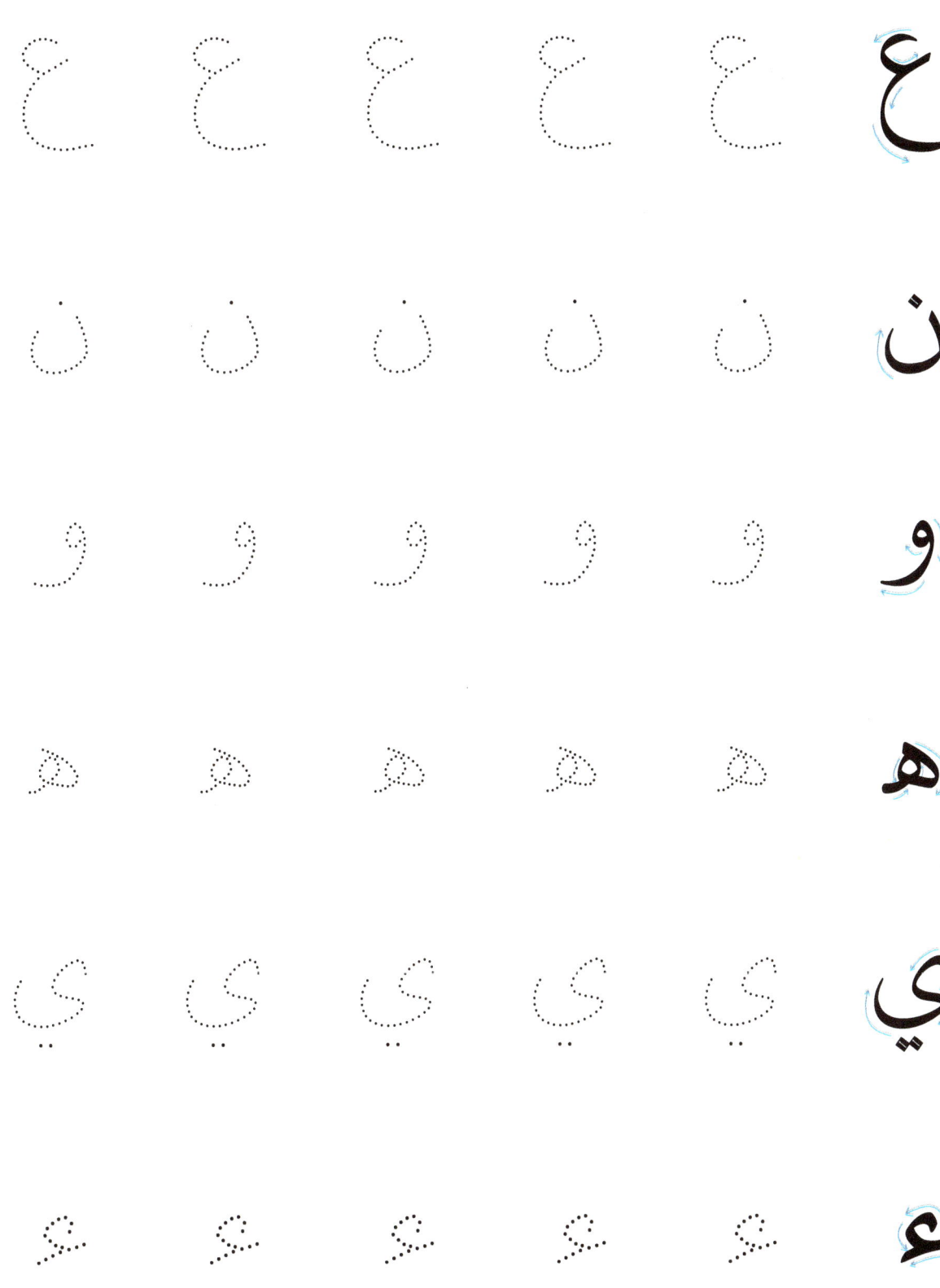

ح	ح	ح	ح	ح	ح
ط	ط	ط	ط	ط	ط
ف	ف	ف	ف	ف	ف
ق	ق	ق	ق	ق	ق
م	م	م	م	م	م
ص	ص	ص	ص	ص	ص

الدرس الأول

كتابة الحروف الهجائية المفردة

ا ا ا ا ا ا

ب ب ب ب ب ب

ت ت ت ت ت ت

ث ث ث ث ث ث

ج ج ج ج ج ج

ح ح ح ح ح ح

خ خ خ خ خ خ

د د د د د د

ذ ذ ذ ذ ذ ذ

ر ر ر ر ر ر

ز ز ز ز ز ز

س س س س س س _____

س س س س س س _____

ش ش ش ش ش ش _____

ش ش ش ش ش ش _____

ص ص ص ص ص ص _____

ص ص ص ص ص ص _____

ض ض ض ض ض ض _____

ض ض ض ض ض ض _____

ع ع ع ع ع ع _____

ع ع ع ع ع ع _____

غ غ غ غ غ غ _____

غ غ غ غ غ غ

ف ف ف ف ف ف

ف ف ف ف ف ف

ف ف ف ف ف ف

ق ق ق ق ق ق

ق ق ق ق ق ق

ق ق ق ق ق ق

ك ك ك ك ك ك

ك ك ك ك ك ك

ل ل ل ل ل ل

ل ل ل ل ل ل

م م م م م م

م م م م م م

م م م م م م

ن ن ن ن ن ن

ن ن ن ن ن ن

هـ هـ هـ هـ هـ هـ

هـ هـ هـ هـ هـ هـ

هـ هـ هـ هـ هـ هـ

و و و و و و

و و و و و و

ي ي ي ي ي ي

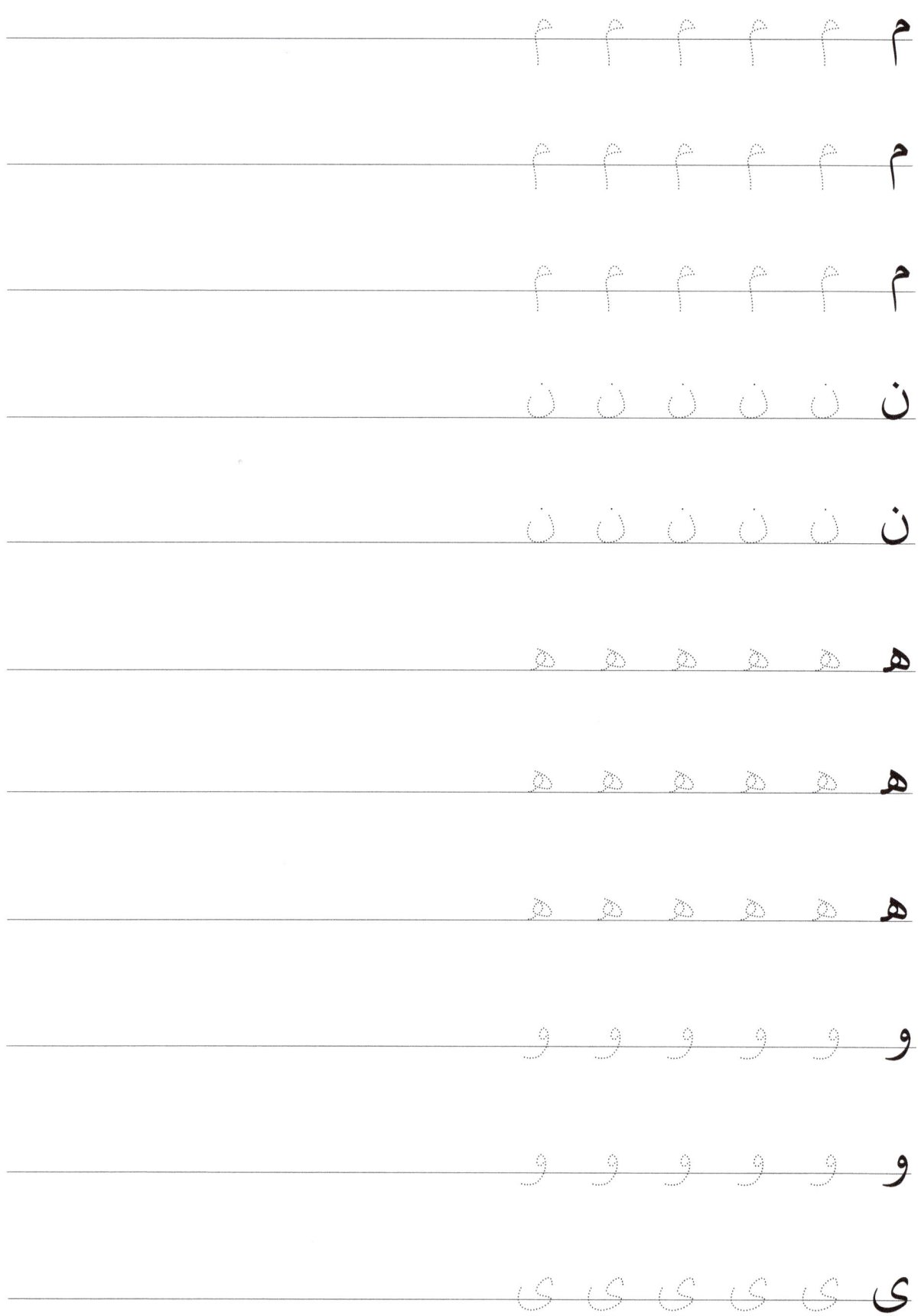

ي ي ي ي ي ي

ي ي ي ي ي ي

جـ جـ جـ جـ جـ جـ

سـ سـ سـ سـ سـ سـ

صـ صـ صـ صـ صـ صـ

عـ عـ عـ عـ عـ عـ

فـ فـ فـ فـ فـ فـ

قـ قـ قـ قـ قـ قـ

كـ كـ كـ كـ كـ كـ

مـ مـ مـ مـ مـ مـ

هـ هـ هـ هـ هـ هـ

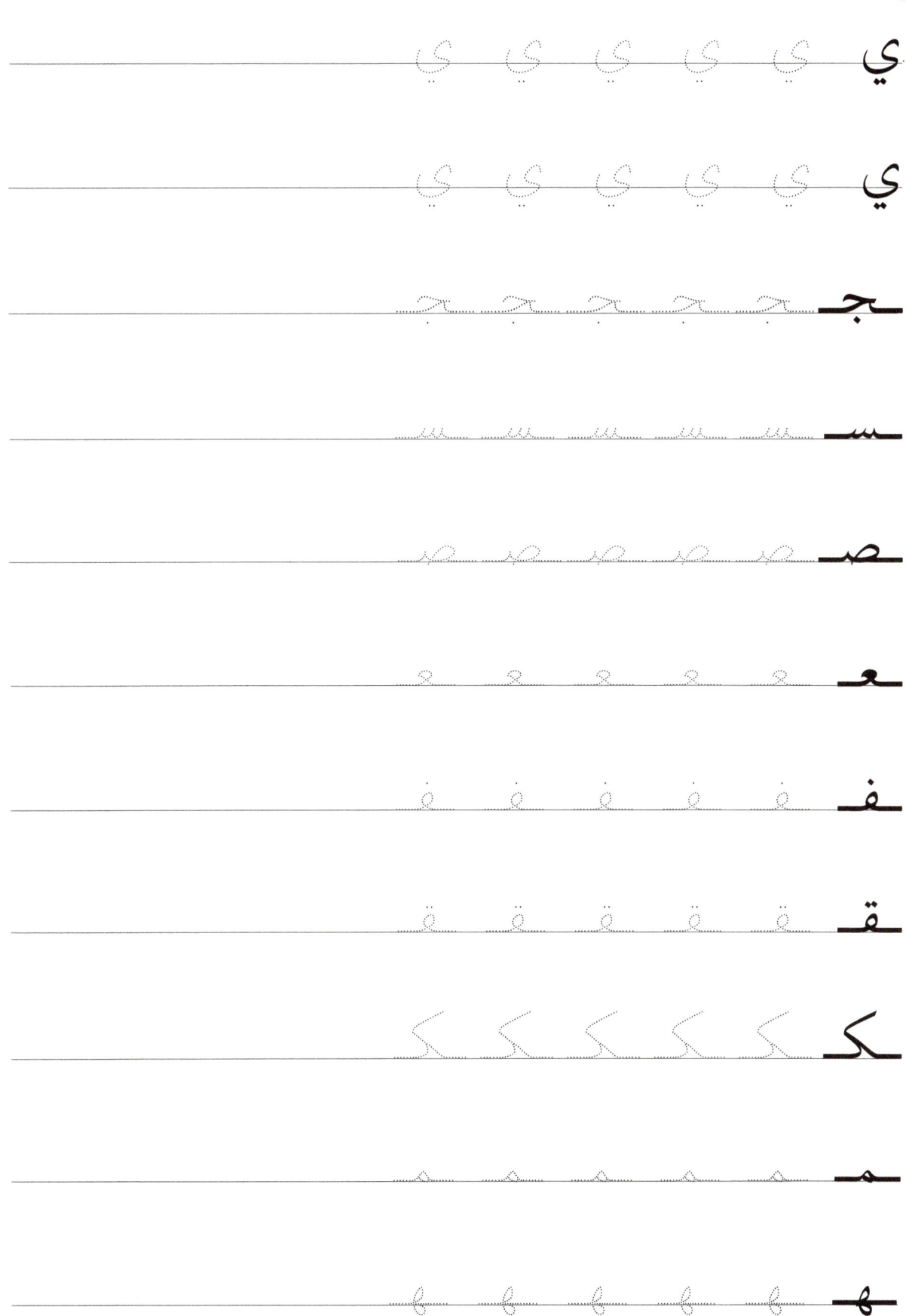

الدرس الثاني

كتابة الحروف الهجائية بأشكالها المختلفة

ألف أ

أول الكلمة	وسط الكلمة	آخر الكلمة
أهل	فأم	توضأ
أهل	فأم	توضأ
هل	ف م	توض
هل	ف م	توض
هل	ف م	توض
هل	ف م	توض
هل	ف م	توض
هل	ف م	توض
هل	ف م	توض
هل	ف م	توض

باء ب

أول الكلمة	وسط الكلمة	آخر الكلمة
برتقال	قبض	حسب
برتقال	قبض	حسب
رتقال	ق ض	ح ب
رتقال	ق ض	ح ب
رتقال	ق ض	ح ب
رتقال	ق ض	ح ب
رتقال	ق ض	ح ب
رتقال	ق ض	ح ب
رتقال	ق ض	ح ب
رتقال	ق ض	ح ب

ت تاء

أول الكلمة	وسط الكلمة	آخر الكلمة
تراب	ستر	بنت
تراب	ستر	بنت
راب	سـ ر	بنـ
راب	سـ ر	بنـ
راب	سـ ر	بنـ
راب	سـ ر	بنـ
راب	سـ ر	بنـ
راب	سـ ر	بنـ
راب	سـ ر	بنـ
راب	سـ ر	بنـ

ث ثاء

أول الكلمة	وسط الكلمة	آخر الكلمة
ثقل	مثل	أثث
ثقل	مثل	أثث
قل	م ل	أث
قل	م ل	أث
قل	م ل	أث
قل	م ل	أث
قل	م ل	أث
قل	م ل	أث
قل	م ل	أث
قل	م ل	أث

ج جيم

أول الكلمة	وسط الكلمة	آخر الكلمة
جبل	فجر	ثلج
جبل	فجر	ثلج
بل	ف ر	ثل
بل	ف ر	ثل
بل	ف ر	ثل
بل	ف ر	ثل
بل	ف ر	ثل
بل	ف ر	ثل
بل	ف ر	ثل
بل	ف ر	ثل

ح حاء

آخر الكلمة	وسط الكلمة	أول الكلمة
ملح	صحابة	حصان
ملح	صحابة	حصان
مل	صـ ابة	صان
مل	صـ ابة	صان
مل	صـ ابة	صان
مل	صـ ابة	صان
مل	صـ ابة	صان
مل	صـ ابة	صان
مل	صـ ابة	صان
مل	صـ ابة	صان

خ خاء

آخر الكلمة	وسط الكلمة	أول الكلمة
نفخ	سخن	خير
نفخ	سخن	خير
نف	س ن	ير
نف	س ن	ير
نف	س ن	ير
نف	س ن	ير
نف	س ن	ير
نف	س ن	ير
نف	س ن	ير
نف	س ن	ير

د دال

أول الكلمة	وسط الكلمة	آخر الكلمة
دليل	مدير	كبد
دليل	مدير	كبد
ليل	م ير	كب
ليل	م ير	كب
ليل	م ير	كب
ليل	م ير	كب
ليل	م ير	كب
ليل	م ير	كب
ليل	م ير	كب
ليل	م ير	كب

ذ ذال

آخر الكلمة	وسط الكلمة	أول الكلمة
يومئذ	الذي	ذباب
يومئذ	الذي	ذباب
يومئ	ال ي	باب
يومئ	ال ي	باب
يومئ	ال ي	باب
يومئ	ال ي	باب
يومئ	ال ي	باب
يومئ	ال ي	باب
يومئ	ال ي	باب
يومئ	ال ي	باب

ر را

آخر الكلمة	وسط الكلمة	أول الكلمة
سعر	سرير	ركب
سعر	بسرير	ركب
سع	س ير	كب
سع	س ير	كب
سع	س ير	كب
سع	س ير	كب
سع	س ير	كب
سع	س ير	كب
سع	س ير	كب
سع	س ير	كب

زا ز

أول الكلمة	وسط الكلمة	آخر الكلمة
زهرة	عزة	عزيز
زهرة	عزة	عزيز
هرة	ع ة	عزيـ
هرة	ع ة	عزيـ
هرة	ع ة	عزيـ
هرة	ع ة	عزيـ
هرة	ع ة	عزيـ
هرة	ع ة	عزيـ
هرة	ع ة	عزيـ
هرة	ع ة	عزيـ

س سين

آخر الكلمة	وسط الكلمة	أول الكلمة
عبس	حساب	سنة
عبس	حساب	سنة
عب	ح اب	نة
عب	ح اب	نة
عب	ح اب	نة
عب	ح اب	نة
عب	ح اب	نة
عب	ح اب	نة
عب	ح اب	نة
عب	ح اب	نة

ش شين

أول الكلمة	وسط الكلمة	آخر الكلمة
شاء	مستشفى	قريش
شاء	مستشفى	قريش
ـاء	مستـ ـفى	قريـ
ـاء	مستـ ـفى	قريـ
ـاء	مستـ ـفى	قريـ
ـاء	مستـ ـفى	قريـ
ـاء	مستـ ـفى	قريـ
ـاء	مستـ ـفى	قريـ
ـاء	مستـ ـفى	قريـ
ـاء	مستـ ـفى	قريـ

ص صاد

أول الكلمة	وسط الكلمة	آخر الكلمة
صمت	فصل	خلص
صمت	فصل	خلص
مت	ف ل	خل
مت	ف ل	خل
مت	ف ل	خل
مت	ف ل	خل
مت	ف ل	خل
مت	ف ل	خل
مت	ف ل	خل
مت	ف ل	خل

ض ضاد

أول الكلمة	وسط الكلمة	آخر الكلمة
ضرب	فضل	مضمض
ضرب	فضل	مضمض
رب	ف ل	مضم
رب	ف ل	مضم
رب	ف ل	مضم
رب	ف ل	مضم
رب	ف ل	مضم
رب	ف ل	مضم
رب	ف ل	مضم
رب	ف ل	مضم

ط طاء

أول الكلمة	وسط الكلمة	آخر الكلمة
طيب	قطعة	محيط
طيب	قطعة	محيط
يب	ق عة	محيـ
يب	ق عة	محيـ
يب	ق عة	محيـ
يب	ق عة	محيـ
يب	ق عة	محيـ
يب	ق عة	محيـ
يب	ق عة	محيـ
يب	ق عة	محيـ

ظ ظاء

أول الكلمة	وسط الكلمة	آخر الكلمة
ظلم	يظن	لحظ
ظلم	يظن	لحظ
لم	ي ن	لح
لم	ي ن	لح
لم	ي ن	لح
لم	ي ن	لح
لم	ي ن	لح
لم	ي ن	لح
لم	ي ن	لح
لم	ي ن	لح

عين

ع

أول الكلمة	وسط الكلمة	آخر الكلمة
عين	سعد	بيع
عين	سعد	بيع
ين	س د	بي
ين	س د	بي
ين	س د	بي
ين	س د	بي
ين	س د	بي
ين	س د	بي
ين	س د	بي
ين	س د	بي

غ غين

أول الكلمة	وسط الكلمة	آخر الكلمة
غير	المغرب	بلغ
غير	المغرب	بلغ
ير	الم رب	بل
ير	الم رب	بل
ير	الم رب	بل
ير	الم رب	بل
ير	الم رب	بل
ير	الم رب	بل
ير	الم رب	بل
ير	الم رب	بل

فاء ف

أول الكلمة	وسط الكلمة	آخر الكلمة
فهم	نفس	صيف
فهم	نفس	صيف
هم	ذ س	صيـ
هم	ذ س	صيـ
هم	ذ س	صيـ
هم	ذ س	صيـ
هم	ذ س	صيـ
هم	ذ س	صيـ
هم	ذ س	صيـ
هم	ذ س	صيـ

ق قاف

أول الكلمة	وسط الكلمة	آخر الكلمة
قسم	مستقيم	خلق
قسم	مستقيم	خلق
سم	مست يم	خل
سم	مست يم	خل
سم	مست يم	خل
سم	مست يم	خل
سم	مست يم	خل
سم	مست يم	خل
سم	مست يم	خل
سم	مست يم	خل

كاف ك

أول الكلمة	وسط الكلمة	آخر الكلمة
كوب	لكم	منك
كوب	لكم	منك
وب	لـ م	منـ
وب	لـ م	منـ
وب	لـ م	منـ
وب	لـ م	منـ
وب	لـ م	منـ
وب	لـ م	منـ
وب	لـ م	منـ
وب	لـ م	منـ
وب	لـ م	منـ

ل لام

أول الكلمة	وسط الكلمة	آخر الكلمة
لبس	جلد	أصل
لبس	جلد	أصل
بس	جـ د	أصـ
بس	جـ د	أصـ
بس	جـ د	أصـ
بس	جـ د	أصـ
بس	جـ د	أصـ
بس	جـ د	أصـ
بس	جـ د	أصـ
بس	جـ د	أصـ

ميم م

أول الكلمة	وسط الكلمة	آخر الكلمة
مدرسة	السماء	حكم
مدرسة	السماء	حكم
درسة	الس اء	حك
درسة	الس اء	حك
درسة	الس اء	حك
درسة	الس اء	حك
درسة	الس اء	حك
درسة	الس اء	حك
درسة	الس اء	حك
درسة	الس اء	حك

ن نون

آخر الكلمة	وسط الكلمة	أول الكلمة
حسن	جنة	نوم
حسن	جنة	نوم
حس	جـ ة	وم
حس	جـ ة	وم
حس	جـ ة	وم
حس	جـ ة	وم
حس	جـ ة	وم
حس	جـ ة	وم
حس	جـ ة	وم
حس	جـ ة	وم

هاء ه

أول الكلمة	وسط الكلمة	آخر الكلمة
هدى	سهل	لعله
هدى	سهل	لعله
دى	سـ ل	لعل
دى	سـ ل	لعل
دى	سـ ل	لعل
دى	سـ ل	لعل
دى	سـ ل	لعل
دى	سـ ل	لعل
دى	سـ ل	لعل
دى	سـ ل	لعل

و واو

أول الكلمة	وسط الكلمة	آخر الكلمة
وجه	حوت	يدعو
وجه	حوت	يدعو
جه	ح ت	يدع
جه	ح ت	يدع
جه	ح ت	يدع
جه	ح ت	يدع
جه	ح ت	يدع
جه	ح ت	يدع
جه	ح ت	يدع
جه	ح ت	يدع

ي ياء

أول الكلمة	وسط الكلمة	آخر الكلمة
يكتب	ربيع	قلمي
يكتب	ربيع	قلمي
كتب	ربـ ع	قلم
كتب	ربـ ع	قلم
كتب	ربـ ع	قلم
كتب	ربـ ع	قلم
كتب	ربـ ع	قلم
كتب	ربـ ع	قلم
كتب	ربـ ع	قلم
كتب	ربـ ع	قلم

الدرس الثالث

تدريبات عامة على كتابة الكلمات

كَتَبَ

أَخَذَ

حَرَّمَ

رَسُولٌ

حَتَّى

يَقُولُ

ذَكَرٍ

أُنْثَى

ثَمَنًا

عَلِيمًا

عَلَيْهِم

اَلَّذِينَ

النِّسَاءُ

اللهُ

أَكْبَرُ

آمِينْ

غَدًا

لِقَائِهِ

نَرَى

كَانُوا

فَانْظُرْ

اللُّغَةُ

أَحَاطَ

أَهْلَهَا

مَسْجِدٍ

يُسْرًا

بِالحَقِّ

وَيْلٌ

فِيهَا

سُلَيْمَانُ

فَاطِمَةُ

المَأْوَى

حَدِيدٌ

مُصِيبَةٍ

أَعَدَّ

جُنَاحَ

الدِّينُ

إِيَّاكَ

تَجِدُوهُ

هِيَ

سَلَكَكُم

نَخُوضُ

مَرْضَى

طَهِّرْ

خَلَقَ

سَرِيعًا

أُقْسِمُ

ذَهَبَ

حَالُكُنّ

أَوْضَحَ

خَافَ

أُفُقٌ

مَوْءُودَةٌ

لَا

نُشِرَتْ

أَحْضَرَتْ

بَطْشَ

رَبُّ

غَبَرَةٌ

تَصَدَّى

حَدَائِقُ

نَخْلًا

قَضْبًا

شَأْنٌ

يَزَّكَّى

يَوْمَئِذٍ

طَعَامِهِ

أُقِّتَتْ

الدرس الرابع

تدريبات عامة على كتابة الجمل والتراكيب

لَا إِلَٰهَ إِلَّا اللهُ

لَا إِلَٰهَ إِلَّا اللهُ

مُحَمَّدٌ رَسُولُ اللهِ

مُحَمَّدٌ رَسُولُ اللهِ

رَبِّ اغْفِرْ لِي

رَبِّ اغْفِرْ لِي

رَبِّ ارْحَمْنِي

رَبِّ ارْحَمْنِي

السَّلَامُ عَلَيكُم وَرَحْمَةُ اللهِ وَبَرَكَاتُهُ

السَّلَامُ عَلَيكُم وَرَحْمَةُ اللهِ وَبَرَكَاتُهُ

اللَّهُمَّ انْفَعْنِي بِمَا عَلَّمْتَنِي وَعَلِّمْنِي مَا يَنْفَعُنِي وَزِدْنِي عِلْمًا

اللَّهُمَّ انْفَعْنِي بِمَا عَلَّمْتَنِي وَعَلِّمْنِي مَا يَنْفَعُنِي وَزِدْنِي عِلْمًا

اللَّهُمَّ صَلِّ وَسَلِّمْ عَلَى نَبِيِّنَا مُحَمَّدٍ

اللَّهُمَّ صَلِّ وَسَلِّمْ عَلَى نَبِيِّنَا مُحَمَّدٍ

فهرس

مقدمة 5

التهيئة للكتابة 6

الدرس الأول 9

الدرس الثاني 14

الدرس الثالث 43

الدرس الرابع 47

فهرس 50